Para Paul, por sugerir que escribiera este libro,
y por cocinarme siempre la cena.

Jen xx

Para Colin.

Scott

Puedes consultar nuestro catálogo en www.picarona.net

No caigas en la trampa
Texto: *Jennifer Bain*
Ilustraciones: *Scott Stuart*

1.ª edición: mayo de 2026

Título original: *Don't Fall For the Trick*

Traducción: *Júlia Gumà*
Maquetación: *El Taller del Llibre, S. L.*
Corrección: *Sara Moreno*

© 2025, Jennifer Bain, por el texto
© 2025, Scott Stuart, por las ilustraciones.
Obra publicada por acuerdo con Affirm Press,
perteneciente a Simon & Schuster Pty Limite Australia.
(Reservados todos los derechos)

© 2026, Ediciones Obelisco, S. L.
www.edicionesobelisco.com
(Reservados los derechos para la lengua española)

Edita: Picarona, sello infantil de Ediciones Obelisco, S. L.
Collita, 23-25. Pol. Ind. Molí de la Bastida
08191 Rubí - Barcelona - España
Tel. 93 309 85 25
E-mail: picarona@picarona.net

ISBN: 978-84-9145-911-8
DL B 20.850-2025

Printed in China

No caigas en la trampa

Una guía para romper con los estereotipos de género

Escrito por
Jennifer Bain

Ilustrado por
Scott Stuart

 Picarona

¿Alguna vez has oído algo que no te ha parecido cierto?

Algo que sabes con certeza que es falso, pero que nadie más parece notar.

Huele a trampa, ¿verdad?

Quizás, al caerse tu hermano pequeño y hacerse daño en la rodilla, has oído que alguien le decía:

Los niños mayores no lloran.

Y has pensado: los niños mayores lloran.
He visto al tío Jack llorar muchas veces.

O quizás el profesor ha pedido que algunos niños fuertes le ayuden a mover las mesas y las sillas para hacer el yoga matutino.

Pero tú sabías que las chicas también pueden ser fuertes.

O recuerdas cuándo el profesor
encontró un calcetín rosa
y preguntó qué niña lo había
perdido.

Pero tú sabías que los niños también
pueden vestir de rosa.

Éstos son algunos ejemplos
de **LA TRAMPA**.

HERRAMIENTAS PARA MUJERES

HERRAMIENTAS PARA HOMBRES

Hace mucho tiempo, la gente creía que los hombres eran más fuertes y listos que las mujeres, y que ciertas cosas eran sólo para niños y otras sólo para niñas.

VOTO

NO SE PERMITEN MUJERES

LOS HOMBRES DEBEN IR A LA GUERRA

Esas ideas moldearon la forma de vida de las personas.

JEFE

SECRETARIA

Y a eso se le llama patriarcado.

Y el patriarcado sigue tendiendo trampas a la gente hoy en día. Y esas trampas nos impiden ser iguales.

Es importante estar atento a las trampas.

Cuando detectemos una trampa en acción, podemos decírselo a los demás.

Cuanta más gente conozca las trampas,
más rápido las podremos detener.

Eso nos ayudará a crear un mundo más igualitario.

Señalar una trampa a los demás
puede querer decir apoyar
a un amigo.

Noah está jugando a la hora
del té con Mei y Olivia.
¡Se lo pasan genial!

Cuando Fred dice:

¡Ohh, Noah está jugando
a un juego de niñas!

Esto es una trampa en acción.

Por suerte, Coen conoce
las trampas.

—¡Eso es una trampa! –dice–.
¡Todos podemos jugar
a todo!

Puedes encontrar trampas por todos lados,
incluso en casa de los abuelos.

El abuelo dice que la abuela está haciendo
el té porque...

Los hombres no son
buenos en la cocina.

Ava le dice:

—Creo que eso es una trampa. Todos podemos ser buenos cocinando.

Y el abuelo se sorprende de sí mismo.

Luego, cuando Henry le pide
a la abuela que le ayude a arreglar
su juguete, le dice:

Las mujeres no son
buenas arreglando cosas.

Y el abuelo dice:

—Creo que eso es una
trampa. ¡Todos podemos ser
buenos arreglando cosas!

¡Ahora los abuelos ya pueden detectar las trampas!

Las trampas pueden ser realmente complicadas y pueden funcionar de diferentes maneras. A veces, pueden hacer que te sientas confundido y sin saber cómo actuar.

A la hora del cuento, Fred pregunta:

¿Por qué siempre tiene que ser el príncipe el que salve la situación?

—Eso es otra trampa
–dice Olivia.

—¡Bien! –dice Fred–.
¡Yo quiero que una princesa
me rescate algún día!

Las trampas te pueden hacer creer que las niñas deben vestirse de rosa y jugar con muñecas. Y que los niños deben vestir de azul y jugar al fútbol. Pero no importa con qué quieras vestir o jugar.

No es una trampa si Ava quiere llevar su pijama de conejitos rosa para dormir.

¡Puede llevar lo que quiera!

Tampoco es una trampa si Henry
quiere jugar al fútbol con sus amigos.

¡Puede jugar
a lo que quiera!

TODOS

Cuando entiendas
las trampas, las verás
por todos lados.

Puedes hacer del mundo un lugar mejor cuando ves las trampas y se las explicas a los demás.

Una nota para las familias y los profesores

Este libro ha sido creado para que las familias y las aulas introduzcan de forma amable el concepto del patriarcado. Presenta los prejuicios inconscientes –o «trampas»– que todos llevamos dentro y busca formas positivas de romper con ellos y generar un cambio positivo.

El libro contiene algunos ejemplos comunes de prejuicios inconscientes que conducen a resultados desiguales y oportunidades limitadas. Los estereotipos de género pueden limitar las oportunidades de los niños e incluso los sueños que pueden tener para sí mismos.

Empezad utilizando los ejemplos del libro como punto de partida antes de pedir a los niños que piensen en ejemplos de su propia vida. También podéis contarles vuestras experiencias con los estereotipos de género.

El concepto del patriarcado, sus causas y sus efectos, es muy complicado. Desentrañar estos temas y lograr un cambio positivo requerirá más de una conversación. Convertid estas conversaciones en una parte habitual de la vida cotidiana. También podéis pedir a los niños que los señalen cuando los adultos de su entorno demuestren prejuicios inconscientes: ¡les encantará hacerlo!

La intención de este libro no es culpar ni avergonzar, sino explorar las oportunidades que todos tenemos cada día para cuestionar respetuosamente ciertos comportamientos y lograr un cambio positivo.

Reconocer el poder de **las trampas** es el primer paso para crear un mundo más equitativo para todos nosotros.

Bienvenidos todos.